# RÈGLEMENT

*Pour établir une nouvelle forme d'Administration dans l'exécution des Ouvrages ordonnés par LE ROI, pour fortifier la Rade de Cherbourg.*

Du 23 Février 1781.

## DE PAR LE ROI.

SUR le compte qui a été rendu à Sa Majesté, qu'il ne s'est présenté aucun Entrepreneur intelligent & solvable, qui voulût se charger entièrement de l'exécution des ouvrages ordonnés être construits pour fortifier la rade de Cherbourg: SA MAJESTÉ informée d'ailleurs des inconvéniens qui résultent de faire construire de grands ouvrages sous la forme d'économie générale, s'est déterminée à prescrire une nouvelle forme d'administration pour lesdits ouvrages de la rade de Cherbourg seulement; en conséquence, Elle a ordonné & ordonne ce qui suit:

### ARTICLE PREMIER.

L'ADMINISTRATION que Sa Majesté ordonne être établie pour les travaux de la rade de Cherbourg, & qui subsistera jusqu'à la parfaite construction des ouvrages,

*Composition totale de l'Administration.*

A

fera compofée du Directeur des fortifications de Nor-
mandie, d'un Commiffaire des guerres, de l'Officier
fupérieur de brigade du Corps-royal du Génie, détaché
à Cherbourg; d'un autre Officier dudit Corps-royal,
chargé de raffembler les détails des travaux; d'un Tréforier
particulier, commis & nommé par le Tréforier général
de la guerre; d'un Commis à la comptabilité, choifi par
le Tréforier particulier; d'un Commis à la recette &
arrangement des matériaux & approvifionnemens; & d'un
Commis pour les écritures de l'Adminiftration. Sa Majefté
nommera tous les Officiers & le Commiffaire des guerres,
dont les principales fonctions feront indiquées ci-après.

## 2.

*Compofition d'un Confeil d'Adminiftration.* LE Directeur des fortifications, le Commiffaire des
guerres, l'Officier fupérieur de brigade du Corps-royal
du Génie, & l'Officier dudit Corps-royal, chargé de
raffembler les détails des travaux, compoferont un Confeil
d'Adminiftration, dans lequel le Commis pour les écritures
fera les fonctions de Secrétaire.

## 3.

*Formes pour l'Adminiftration des travaux.* L'INTENTION de Sa Majefté eft que les ouvrages
qu'Elle a ordonné ou ordonnera être faits pour fortifier
la rade de Cherbourg, foient exécutés par entreprifes
particulières, quant à la fourniture des matériaux rendus
aux chantiers de conftruction, & même, autant qu'il fera
poffible, fans inconvéniens, quant à l'emploi defdits
matériaux: mais lorfque l'emploi des matériaux ne pourra
pas être exécuté par marchés particuliers, ou que l'on y aura
reconnu quelques inconvéniens, il le fera par économie.

## 4.

LE Directeur des fortifications dreffera un devis des
différentes efpèces & qualités des matériaux à employer
dans les ouvrages, de leurs dimenfions principales, &
des conditions auxquelles les Entrepreneurs feront tenus
de les fournir. Sur ce devis il fera paffé une ou plufieurs

adjudications au rabais pour leur fourniture, foit à un feul, foit à plufieurs particuliers, par-devant le Confeil d'Adminiftration. L'Intendant de la province, qui aura été informé par le Commiffaire des guerres, de la paffation de ces marchés, y donnera toute l'authenticité néceffaire & d'ufage.

## 5.

AFIN que les entreprifes defdits matériaux à fournir, puiffent être adjugées à leur plus jufte valeur, l'intention de Sa Majefté eft que les Entrepreneurs foient payés tous les mois de la quantité qu'ils en auront livrée, bons & valables, aux chantiers de conftruction.

## 6.

SI par quelque caufe fupérieure qui n'auroit pu être prévue ni prévenue, une partie des matériaux à fournir par bateaux, avoit été avariée ou naufragée pendant fon tranfport aux chantiers de conftruction, Sa Majefté autorife le Confeil d'Adminiftration, qui en rendra compte au Secrétaire d'État ayant le département de la guerre, à affigner aux Entrepreneurs un dédommagement proportionné à leur perte. Pour cet effet les Entrepreneurs feront tenus, avant de faire tranfporter lefdits matériaux, de juftifier devant le Commiffaire des guerres, de la capacité & probité de tous les Patrons-voituriers qu'ils auront à employer, ainfi que de la folidité & bonté de leurs bateaux & agrès, dont le Commiffaire aura fait eftimer la valeur. Hors ces cas d'avaries par coups de mer imprévus, ou rencontre de Corfaires, les Entrepreneurs demeureront refponfables defdites fournitures, jufqu'à ce qu'étant rendus lefdits matériaux, fur les chantiers de conftruction, ils y aient été jugés conformes aux devis & toifés par un Officier du Corps-royal du Génie.

## 7.

L'ACHAT ou la façon des outils, brouettes ou autres uftenfiles, la fourniture des planches, madriers, bois d'échaffaudages, fers, aciers, cordages, &c. fe feront par entreprifes particulières. Un devis en règlera les dimen-fions & qualités : la quantité de chaque efpèce à fournir fera fixée par un état arrêté au commencement de chaque année. A l'égard de la conftruction des machines à épui-femens, des gruës, chèvres, triqueballes ou autres ma-chines, elle fera faite, ainfi que les réparations des outils, par économie, au moyen des matériaux fournis par les Entrepreneurs.

### 8.

ON fera à l'atelier, ou par marchés particuliers, tous les déblais, remblais & autres ouvrages qui en feront fufceptibles fans inconvéniens, finon ils feront exécutés par économie.

### 9.

LES ouvrages ordonnés à la rade de Cherbourg, étant éloignés les uns des autres, & exigeant les foins de deux fujets confommés dans l'exécution des grands travaux, & bien inftruits des reffources locales, pour procurer à ces ouvrages les différentes qualités de bons matériaux nécef-faires, veiller à leur fourniture exacte & bon choix, &c. Sa Majefté autorife le Directeur des Fortifications, à faire choix de deux hommes qui auront été Entrepreneurs, dont la capacité & les talens à cet égard, ainfi que la probité, foient reconnus; lefquels feront établis comme Régiffeurs defdits travaux, pour y faire toutes les fonctions d'un Entrepreneur général : Sa Majefté affecte à chacun defdits Régiffeurs annuellement, la fomme de fix mille livres d'appointemens pendant toute la durée defdits travaux. Ces Régiffeurs, non plus que tous Commis, Garde-magafins, Piqueurs ou autres Employés quelconques, tenant, foit à l'Adminiftration, foit à l'exécution des ou-vrages, ne pourront être intéreffés, ni directement, ni indirectement, dans aucune partie des entreprifes ou marchés concernant lefdits ouvrages, à peine d'être fur le champ révoqués de leur emploi, par le Confeil d'Ad-miniftration.

## 10.

LE Conseil d'Administration établira pour chaque atelier, le nombre de Commis, Gardes-magasins, Piqueurs ou autres Employés qu'il y jugera nécessaire, en rendra compte au Secrétaire d'État ayant le département de la guerre, & lui proposera les appointemens convenables à leur accorder selon leurs talens requis : tous ces Employés seront payés chaque mois, ainsi que le Commis à la recette des matériaux & le Commis aux écritures, sur les états particuliers qui en seront dressés par l'Officier chargé de rassembler les détails, & visés *bon à payer* par le Commissaire des guerres ; le tout conformément aux états desdits Employés qui auront été adressés à l'Intendant & au Directeur des Fortifications, par le Secrétaire d'État ayant le département de la guerre.

## 11.

CHAQUE mois il sera tenu une ou plusieurs assemblées du Conseil d'Administration, auxquelles pourront être appelés les Officiers du Corps-royal du Génie, chefs sur les ateliers, ainsi que les Régisseurs ci-dessus ; il y sera réglé tout ce qui concernera les nouveaux marchés à faire pour fournitures ou approvisionnemens : ces marchés seront passés comme ceux ci-dessus *(article 4)*; l'Officier supérieur de brigade y fera aussi par écrit, la demande aux Entrepreneurs déjà reconnus, de tous les matériaux & approvisionnemens pressés à fournir, en spécifiant la quantité & le temps auquel ils devront être livrés aux chantiers de construction : il y fera de même la demande des ouvriers journaliers ou gens de métier, dont on auroit besoin en augmentation sur chaque atelier.

## 12.

L'OFFICIER du Corps-royal du Génie, chargé de rassembler les détails, suivra l'exécution de ce qu'aura fixé le Conseil d'Administration ; le Commissaire des guerres fera vis-à-vis de l'Intendant de la province, ses Subdélégués, ou tous autres à qui il appartiendra, les demandes d'ouvriers, voitures, bateaux, &c. qui devront être au befoin commandés par autorité : il fera faire les payemens ftipulés par les marchés ; mais ces payemens ne pourront jamais être faits, foit par à-compte, foit pour folde, qu'en vertu de toifés faits & arrêtés par les Officiers du Corps-royal du Génie détachés aux travaux, ainfi qu'il fera expliqué ci-après. Si le Confeil d'Adminiftration jugeoit utile en certain cas, & convenable au plus grand bien du fervice de faire, fous bonnes cautions, quelques avances à l'un ou l'autre des Entrepreneurs particuliers, le Commiffaire des guerres fera délivrer ces avances fur un extrait des délibérations dudit Confeil, vifé par ledit Commiffaire ; bien entendu que lefdits à-comptes ne pourront jamais enfemble, monter à une fomme qui pût faire monter la dépenfe de l'année courante, au-delà des fonds ordonnés pour ladite année.

<h3 style="text-align:center">I 3.</h3>

EN général, ce qui a rapport à la bonne conftruction des ouvrages, aux recette, toifé & emploi des matériaux fournis par les Entrepreneurs, fera réglé par les Officiers du Corps-royal du Génie ; tout ce qui concerne les conditions des marchés à faire pour les achats de matériaux & fournitures d'ouvriers ou de voitures, fera réglé par le Confeil d'Adminiftration ; enfin, tout ce qui concerne les demandes & remifes des fonds ordonnés par Sa Majefté, les payemens à faire faire fur les états & toifés arrêtés par les Officiers du Corps-royal du Génie ou par le Confeil d'Adminiftration, l'ordre à fuivre par le Tréforier dans fes comptes & tout ce qui concerne fa comptabilité, fera du reffort du Commiffaire des guerres.

<h3 style="text-align:center">I 4.</h3>

*Formes pour les payemens.*

CHAQUE mois il fera dreffé fur chaque atelier, par les Officiers du Corps-royal, 1.° les toifés de toutes les efpèces de matériaux, fournis pendant lefdits mois par les

Entrepreneurs, lefdits toifés portant pour chaque efpèce de fourniture, la fomme dûe à l'Entrepreneur fuivant fon marché ; 2.º les toifés de terres remuées & tous autres ouvrages exécutés par ateliers ou par marchés, portant le prix en réfultant fuivant l'appréciation qui en aura été faite par l'Officier principal chargé de l'atelier, ou fuivant fa convention faite avec les ouvriers; 3.º les états de toutes les journées d'ouvriers employés à chaque nature d'ou- vrages pendant ledit mois, conformément aux contrôles d'appels tenus par le Commis : les prix moyens de ces journées auront été fixés à l'avance, par le Directeur des Fortifications, fuivant l'ufage du pays; & les prix particu- liers, mentionnés fur les états des journées, auront été fixés par le principal Officier de l'atelier, à proportion de la difficulté de l'ouvrage & des peines de l'ouvrier.

## 1 5.

TOUS les états, foit de toifés, foit de journées, dreffés en double & fignés par le principal Officier de chaque atelier, feront envoyés à l'Officier chargé de raffembler les détails; cet Officier les collationnera, en vérifiera les calculs, certifiera ces deux opérations au bas de chaque état, & y infcrira un numéro particulier & permanent pour chaque atelier ou nature d'ouvrage toifé : les deux doubles étant parfaitement conformes, il enregiftrera fur un livre la fomme réfultant de cet état, enliaffera l'un des doubles fous fon numéro, & enverra l'autre au Commiffaire des guerres.

## 1 6.

LE Commiffaire des guerres vifera d'un *bon à payer*, tous les états & toifés provifionnels qui lui feront envoyés dans la forme fufdite, en tiendra note, & les enverra au Tréforier, qui payera fur le champ aux Fourniffeurs le montant des matériaux, moyennant leurs quittances au bas defdits états ou toifés. Quant aux Ouvriers & Jour- naliers, qui ne peuvent être détournés de leurs ateliers, le Tréforier les y fera payer par fon Commis à la comptabilité, conformément au montant des états ou toifés qui les concerneront, au moyen d'un *vu payer* au bas defdits états ou toifés, figné par un Officier du Corps-royal du Génie. En cas de conteftations entre le Commis à la comptabilité & les gens à payer, elles feront terminées fur le champ par les Officiers du Corps-royal du Génie préfens aux ateliers, ou portées, s'il en étoit befoin, au Confeil d'Adminiftration.

<h2 style="text-align:center">17.</h2>

TOUS les payemens ci-deffus, à faire, tant aux Fourniffeurs ou Entrepreneurs, qu'à tous les Ouvriers, fe feront fans aucune retenue des quatre deniers pour livre, & il en fera fait mention dans tous les marchés paffés au Confeil d'Adminiftration : Sa Majefté déroge à cet égard à toutes Ordonnances antérieures au préfent Règlement.

<h2 style="text-align:center">18.</h2>

*Formes pour la comptabilité.*

LE Tréforier, en payant journellement les états qui lui feront préfentés en bonne forme, en tiendra fon regiftre détaillé, conformément à l'Ordonnance, & jour par jour, fuivant la forme ordinaire. Il tiendra en même temps un regiftre auxiliaire concernant chaque fort auquel on travaillera, fur lequel regiftre fera porté le montant de chaque état & la date de fon payement fous le numéro dudit état, qui fera enliaffé comme pièce juftificative. Il fera autant de liaffes particulières & d'articles, dans ce regiftre auxiliaire, qu'il y aura de numéros courans fur les ouvrages, afin que l'on puiffe toujours connoître ce que chaque ouvrage aura coûté.

<h2 style="text-align:center">19.</h2>

C'EST d'après ces regiftres, qui feront comparés dans le Confeil d'Adminiftration avec celui de l'Officier chargé de raffembler les détails *(article 15)* & avec les notes du Commiffaire des guerres *(article 16)*, que le Tréforier rendra chaque année fes comptes particuliers au Confeil d'Adminiſtration, chaque pièce juſtificative correſpondante au numéro du regiſtre, revêtue des formes preſcrites par le préſent Règlement, & conforme, tant à ſon duplicata rapporté par l'Officier chargé de raſſembler les détails, qu'aux notes du Commiſſaire des guerres, opérera la décharge dudit Tréſorier.

### 2O.

A la fin des travaux de chaque année, le Conſeil d'Adminiſtration, après la comparaiſon ci-deſſus ordonnée des différens regiſtres, arrêtera tous ceux du Tréſorier, & connoîtra par cet arrêté ce qui lui reſtera en caiſſe. Le Tréſorier rendra pour lors audit Conſeil ſon compte, par bordereau ſommaire & par chapitre de dépenſe. Ledit Conſeil arrêtera ce compte, y ajoutera la décharge gé-nérale de toutes les pièces juſtificatives que le Directeur des fortifications retirera, & tous les Membres du Conſeil ſigneront leſdits arrêtés & décharge.

### 2I.

LE Directeur des fortifications, au moyen de toutes les pièces qu'il aura retirées, fera travailler auſſitôt au toiſé général & définitif des ouvrages ordonnés, qui ſera rédigé dans la forme ordinaire, tant pour les parties exécutées par entrepriſes, que pour celles par économie. Ce toiſé ſera fait triple, dont une expédition pour être jointe aux papiers de la place de Cherbourg, une ſeconde pour demeurer dans les Bureaux de l'Intendance, & la troiſième pour la décharge du Tréſorier général de la guerre : il ſera ſigné par tous les différens Entrepreneurs auxquels le Conſeil d'Adminiſtration aura paſſé par écrit des marchés particuliers. Après leſdites ſignatures, les Membres dudit Conſeil & autres Officiers du Corps-royal du Génie dé-tachés aux ouvrages, certifieront avoir calculé & vérifié ledit toiſé, dont ils rappelleront en particulier le montant total des dépenſes par entrepriſes, le montant total des dépenſes par économie, & enfin le montant total dudit toifé définitif. Le Commiffaire des guerres fe chargera de faire ordonnancer par l'Intendant de la province, fuivant la forme ordinaire, l'expédition dudit toifé deftinée pour le Tréforier général, de façon que ledit Tréforier général puiffe la recevoir de fon Commis, en bonne forme, au plus tard en Février de l'année fuivante.

### 2 2.

SA MAJESTÉ ayant fait commencer les travaux des forts à la rade de Cherbourg dès l'année 1779, & les ayant fait continuer pendant l'année 1780, le tout fous la forme d'une économie que les Officiers du Corps-royal du Génie ont été chargés par Elle d'adminiftrer, Elle entend & ordonne que le compte général de toutes les dépenfes faites jufqu'à ce jour à la conftruction defdits forts, foit rédigé pour chacune defdites deux années, fous la même forme de compte & toifé définitif prefcrite ci-deffus, & certifié de même par le Confeil d'Adminiftration qu'Elle établit, pour être enfuite lefdits deux toifés gé-néraux, ordonnancés par l'Intendant de la province, & délivrés au Tréforier général de la guerre.

### 2 3.

*Comptes à rendre à la Cour.*

L'OFFICIER fupérieur de brigade du Corps-royal du Génie, informera tous les mois le Secrétaire d'État ayant le département de la guerre, du progrès des ouvrages & de la dépenfe faite, par un court état apoftillé fuivant l'ufage & la forme ordinaires. Le Commiffaire des guerres enverra tous les trois mois, audit Secrétaire d'État, la fituation des fonds du Tréforier avec la balance de la recette & de la dépenfe : il fera en même temps fes demandes pour que le Tréforier foit toujours en état de fatisfaire aux payemens des traités, ou états & toifés qui lui feront préfentés.

### 24.

A la fin de chaque année, il fera envoyé au Secrétaire

d'État ayant le département de la guerre, par le Directeur
des fortifications, un compte abrégé des travaux exécutés
pendant la dernière année & de leur dépenfe, fous la forme
ordinaire de mémoire apoftillé définitif, extrait du toifé
général, avec fes obfervations fur les prix de chaque
efpèce d'ouvrage. Il y joindra un état eftimatif de la dépenfe qui pourra être faite pendant l'année fuivante, &
des époques principales auxquelles devront être remis fur
les lieux les fonds de cette dépenfe.

## 2 5.

IL fera pareillement envoyé audit Secrétaire d'État, à
la fin de chaque année, par le Commiffaire des guerres,
l'état de la recette & de la dépenfe totales faites pendant
l'année, & du reftant en caiffe.

## 2 6.

C'EST d'après ces différens comptes rendus au Secrétaire
d'État, que feront ordonnées les fommes deftinées à la
continuation des travaux. Ledit Secrétaire d'État fixera
les époques précifes auxquelles lefdites fommes feront
remifes au Tréforier des ouvrages, & en adreffera des
mémoires au Directeur des fortifications & au Commiffaire
des guerres.

## 2 7.

SA MAJESTÉ autorife le Confeil d'Adminiftration à
dreffer un Règlement particulier, qui fixera l'ordre à
établir dans la livraifon des matériaux par les Entrepreneurs,
ainfi que dans leur recette par les Officiers du Corps-royal
du Génie dans les chantiers de conftruction; & qui, en
général, ftatuera fur les détails dépendans des circonftances
& confidérations locales. Elle autorife également le
Commiffaire des guerres à faire, s'il en eft befoin, une
inftruction particulière concernant l'établiffement de la
forme de comptabilité prefcrite ci-deffus.

## 28.

SA MAJESTÉ veut & entend que tout ce qu'Elle ordonne par le préfent Règlement, ait fon effet à commencer d'aujourd'hui.

FAIT à Verfailles le vingt-trois février mil fept cent quatre-vingt-un. *Signé* LOUIS. *Et plus bas,* SÉGUR.

# A PARIS,
## DE L'IMPRIMERIE ROYALE.

M. DCCLXXXI.

www.ingramcontent.com/pod-product-compliance
Lightning Source LLC
LaVergne TN
LVHW010806180726
843502LV00011B/4386